Livre De Recettes

Recettes santés simples et délicieuses

Acel Blanc

<u>TERMES ET CONDITIONS</u>

Aucune partie de ce livre de recettes ne peut être transmise ou reproduite sous aucune forme, y compris par tous moyens électroniques, imprimée, photocopiée,parlecteur optique,enregistrée ou de toutes façons mécaniques sans le consentement préalable de l'auteur. Toutes les informations, idées et instructions sont données à simple but éducatif. Bien que l'auteur ait fait son possible pour que le contenu soit le plus correct possible, les lecteurs suivent ces instructionsà leurs propres risques. L'auteur de cet ouvrage ne peut être tenu responsable pour aucun dommage résultant d'un accident, personnel ou commercial causé par une mauvaise représentation des informations. Nous encourageons vivement les lecteurs à prendre conseil si besoin.

Table des matières

Chapitre 1 — Livre de recettes pour autocuiseur 1

Délice spécial à la banane 2

Délicieux smoothie détox 4

Smoothie super frais aux deux melons 6

FANTASTIQUES CRAQUELINS JAMBON & FROMAGE 8

Délectable ceviche 10

Splendide repas au poulet et champignons 12

CRÈME DE FLOCONS D'AVOINES CONCASSÉS À LA NOIX DE COCO 14

Petit-déjeuner à la mijoteuse 16

Savoureux poulet avec tomate et parmesan fromage 18

Patates pilées épiques 20

Salade d'orge et pois cassés 23

Salade de millet africaine 25

Crêpes Paléo légendaires préparées avec de la Poudre d'Amandes 27

Alléchantes Crêpes aux Bananes et aux Fruits rouges 30

Superbe Quiche d'Épinards Paléo .. 33

Excellent Ramen de nouilles aux crevettes et aux légumes 37

Merveilleuse cocotte de bacon, cheddar et œuf 40

Exceptionnel bœuf braisé du Beach Boy 43

Smoothie Turbo Amande Banane XXL 45

Fantastique Frittata au Poivron et Fromage de Chèvre 47

MystérieusesCoquilles Saint-Jacques beurrées au Vin 49

Burrito au œufs brouillés et saucisse 51

Gâteau au chocolat 53

Pain perdu 56

PETITS GÂTEAUX AU CHOCOLAT ET CARAMEL HISTORIQUES 58

Gâteau Bundt à la crème exceptionnel 63

Muffins mystiques aux dattes et au son 65

Gombo renommé aux fruits de mer 68

Muesli à la citrouille grand format à l'autocuiseur 73

Petit déjeuner traditionnel à l'ananas sauce Sriracha...................76

Excellente eau au citron vert et au melon Honeydew 79

Eau étonnante au citron vert et à la fraise 81

Superbe salade d'anchois et d'avocats 83

Biscuits à la citrouille et aux pépites de chocolat 86

Biscuits au sucre et à la noix de coco 88

Délicieux biscuits au beurre d'arachide..........................91

Le Duo magique Pêche/Coco 94

Le Magnifique Asperge/Pomme.....96

Le Délicieux aux Mûres et au Yaourt 98

Superbe smoothie noix de cajou, chocolat et orange 100

Crevettes grillées à tomber, Pastèque et salade d'épinards 101

Poulet Alfredo mijoté avec amour 103

Salade insensée de purée d'avocat et poulet 105

Amandes et Noisettes fortement enmiellees 108

Incroyable chou frisé ou Chips aux épinards. 111

JOLI GATEAU PAIN D'EPICES ET CARAMEL 114

Gâteau alléchant à la Patate douce et Gingembre 119

Simple Gâteau Marbré 122

Délicieux et étonnant porridge à la pomme 125

Sandwiches choucroute-saucisses de la chance 127

Chapitre 1 — Livre de recettes pour autocuiseur

Bonjour ! Merci d'avoir choisi ce livre !

Ces recettes se veulent simples, rapides et délicieuses.

Les recettes de ce livre ont été sélectionnées pour que vous ayez des menus pour tous les moments du quotidien, petit déjeuner, déjeuner, goûter, diner, soirées, apéritifs,

Délice spécial à la banane

Ingrédients

- 1/2 tasse de myrtilles congelées
- 12 fraises congelées
- 1 1/2 orange pelée et coupée en deux
- 2 à 3 tasses de jus d'orange
- 2 à 3 bananes pelées et coupées en deux
- 2 kiwis pelés et coupés en deux

Préparation

1. Fixez d'abordles lames dans le bol du blender.

2. Ajoutez-y les fraises, les bananes, l'orange, les kiwis et les myrtilles.
3. Ajoutez ensuite les 2 tasses de jus d'orange.
4. Vissez le couvercle.
5. Placez le bol sur sa base.
6. Mixez 3 fois en position Pulse.
7. Réglez la vitesse sur 10.
8. Démarrez le blender.
9. Mixez pendant au moins 40 à 45 secondes.

Délicieux smoothie détox

Ingrédients

- 3 brocolis moyens en fleurettes, coupés et congelés
- 1/2 tasse de jus d'orange frais
- 1 tasse de chou frisécoupé en lanières, nervures retirées
- 1/4 tasse de concombre, pelé, épépiné et coupé en rondelles
- 1 à 2 pommes, de préférence Fuji, coupées en morceaux
- 1 tasse d'épinards
- 1/4 à 1/2 tasse de jus de carotte frais

- 1/2 à 1 banane, pelée, coupée en rondelles et congelée

Préparation

1. Mixez tout d'abord les liquides et les feuilles vertes (le cas échéant) à vitesse lente.
2. Ajoutez ensuite les fruits et les ingrédients plus durs. Mixez toujours à vitesse lente.
3. Passez en vitesse moyenne jusqu'à la formation d'un tourbillon. Continuez à mixer.
4. Mixez enfin à vitesse rapide.

Pour 2 à 3 1/2 tasses

Smoothie super frais aux deux melons

Ingrédients

- 1 citron vert (en jus)
- 1/4 de melon de type cantaloup (pelé, épépiné et coupé en cubes)
- 2 à 3 cuillères à café de sucre
- 1/4 à 1/2 de melon miel(pelé, épépiné et coupé en cubes)

Préparation

1. Dans le bol mélangeur, ajoutez le sucre,le melon miel, le jus de citron vert et le melon cantaloup, puis mixez à vitesse

rapide jusqu'à l'obtention d'une consistance homogène.
2. Versez dans des verres, puis servez ce délicieux smoothie.

Temps de préparation : 7 à 10 minutes

FANTASTIQUES CRAQUELINS JAMBON & FROMAGE

Voici une de mes meilleures recettes. Vous allez adorer à coup sûr !

Ingrédients :

- 2-3 c. à table de marmelade à l'orange sans sucre
- 2-4 c. à table de graines de sésame
- 1 ½ tasse de fromage parmesan râpé
- 2-3 oz. de jambon cuit
- 2-3 c. à table de sauce Sriracha
- 8-9 oz. detartinade de fromage à la crème herbes et ail
- 2-3 c. à table de basilic

Préparations :

1. Préparer tous les ingrédients
2. Préparer les craquelins : mettre du papier

d'aluminium ou du papier parchemin sur une plaque à cuisson et vaporiser d'enduit à cuisson. Presser le fromage parmesan au fond d'un emporte-pièce rond, puis parsemer des grains de sésame
3. Cuire à 370°F pendant 12 minutes
4. Mélanger le fromage à la crème, la sauce Sriracha et la marmelade à l'orange ensemble
5. Lorsque les craquelins sont prêts, garnir de la préparation fromage/marmelade et d'une tranche de jambon

Portions : 6-7

Temps de préparation :10 minutes

Temps de cuisson :9 minutes

Délectable ceviche

J'ai appris cette recette en écoutant la télévision et je l'ai quelque peu adapté à mon goût. Bon appétit !

Ingrédients :

- Sel et poivre
- Le jus de 8 limes
- 1-2 oignons sucrés, coupés finement
- 2-3 branches de céleri, tranchées
- ¼ tasse de persil haché
- 4 1/2 tomates, coupées en cubes
- 2 lbs de fruits de mer (pétoncles, vivaneau rouge, flétan, crevettes)

Préparation :

1. Préparer tous les ingrédients

2. Bien nettoyer les fruits de mer et les couper en cubes. Mettre dans un bol
3. Ajouter le jus de lime et laisser reposerune nuit au réfrigérateur
4. Bien égoutter le liquide et ajouter le reste des ingrédients
5. Ajouter le sel et le poivre et servir garni d'un peu de persil

Temps total :8-9 heures

Portions : 4-6

Splendide repas au poulet et champignons

Ingrédients

- 1 livre de champignons, tranchés
- Sel et poivre

Sauce :

- 1/4 tasse de beurre
- 1 c. à thé de moutarde de Dijon
- ¾ de tasse de crème 35%
- 1 pincée de persil, haché
- 6-8 cuisses de poulets
- 1 c. à thé de paprika
- 1-3 c. à thé de sauce soya

Préparation :

1. Préparer tous les ingrédients
2. Assaisonner le poulet de sel et de poivre et déposer dans un grand plat à cuisson

3. Cuire à 420º pendant 45-55 minutes ou jusqu'à ce qu'il soit cuit
4. Pendant ce temps, chauffer le beurre dans une poêle et faire sauter les champignons jusqu'à ce qu'ils soient tendres
5. Ajouter la sauce soya et la moutarde, puis la crème tranquillement
6. Amener à ébullition et cuire jusqu'à ce que la sauce épaississe
7. Assaisonner la sauce au goût, ajouter le persil puis servir sur le poulet

Portions : 6-7

CRÈME DE FLOCONS D'AVOINES CONCASSÉS À LA NOIX DE COCO

Ingrédients :

- 8 ou 9 tasses d'eau
- 1 cuillère à café d'extrait de vanille
- Deux cuillères à soupe de sucre de noix de coco, ou de sucre de canne bio
- Une boîte de lait de noix de coco, non allégé
- Deux tasses de flocons d'avoines concassés

Préparation :

1. Mettre tous les ingrédients dans une mijoteuse et faire cuire à haute température pendant deux heures. S'assurer que tout le

liquide a été absorbé. Peut également être cuit à basse température pendant huit heures.
2. Vous avez ensuite le choix : Vous pouvez mettre du beurre de cacahuète, des pépins de courge, des fruits secs, des raisins, des graines de chia, des flocons de noix de coco.

Portions : 3 à 5

Temps de préparation : 12 a 18 minutes environ

Temps de cuisson : 8 a 9 heures à basse température ou 2 heures à haute température

Petit-déjeuner à la mijoteuse

Ingrédients :

- 450 à 470 g de bacon
- 12 œufs
- ½ a 1 poivron vert, coupé en dés
- 1 oignon, coupé en dés
- 850 a 900 g de galettes de pommes de terre
- ½ poivron rouge, coupé en dés
- 220 g de fromage cheddar râpé
- 250 à 310 ml de lait

Préparation :

1) Couper le bacon en petits morceaux.
2) Mettre la moitié des patates.
3) Puis mettre la moitié du bacon.

4) Mettre la moitié de l'oignon.
5) Mettre la moitié des poivrons.
6) Mettre la moitié du fromage.
7) Puis mettre les moitiés restantes dans le même ordre.
8) Dans un saladier, battre les œufs et le lait ensemble.
9) Verser le mélange liquide par dessus le mélange sec.
10) Cuire à basse température pendant 8 heures, ou à haute température pendant 4 heures.

Temps de préparation : 15 a 18 min.

Temps de cuisson : 4-8 h

Pour 8 personnes

Savoureux poulet avec tomate et parmesan fromage

Ingrédients :
- Trois cuillères de soupe de l'eau
- Une cuillère de thé de sucre
- Une cuillère de thé d'origan
- Deux boîtes de sauce tomates
- Deux gosses d'ail
- Deux boîtes de pâte de tomates
- Trois onces de fromage mozzarella
- Cuit spaghetti
- Huit poitrines de poulet en deux
- Parmesan râpé

Préparation :
1. Dorer le poulet dans l'huile chaud
2. Ajouter le sel et le poivre
3. Mettre le poulet dans la Mijoteuse

4. Combiner la sauce tomate, la pâte de tomates, l'origan, l'eau, l'ail et le sucre.
5. Verser dessus le poulet
6. Cuire à basse température pendant huit heures
7. Veuillez retirer le poulet et garder au chaud.
8. À sur haute, ajouter le fromage mozzarella dans la sauce
9. Garder à découvert la Mijoteuse jusqu'à la sauce est chaude
10. Servir avec le fromage parmesan

Patates pilées épiques

Ingrédients :

- Poivre fraîchement moulu et sel
- ¼ tasse vinaigre de vin rouge
- 2 — 3 c. à thé cumin
- ¼ – ½ tasse raisins secs
- 1 piment rouge de grosseur moyenne
- 1 — 2 c. à soupe zeste d'orange
- ¾ - 1 tasse feuilles de menthe fraîche, émincées
- 2 piments fort frais, coupés en cube
- Presque ½ tasse huile d'olive extra-vierge
- 4 grosses patates douces
- ½ tasse oignons verts, tranchés

Préparation

1. Préchauffer le four à 410 °F.

2. Couper les patates douces en petites bouchées après les avoir pelées. Prendre 2 c. à soupe d'huile et les mélanger aux patates douces en les mettant sur une plaque à cuisson.
3. Saupoudrer les patates de sel et de poivre, puis enfourner. Tourner les patates occasionnellement jusqu'à ce qu'elles soient rôties à l'extérieur et tendres à l'intérieur. Cela devrait prendre environ 30 minutes.
4. Retirer du four et mettre dans une poêle.
5. Assaisonner les patates pendant qu'elles cuisent et ajouter le reste de l'huile (environ 5-6 c. à soupe) Ajouter le piment rouge, le zeste, le vinaigre et le cumin,

puis saler et poivrer. Réduire en purée.

6. Ajouter la menthe, les oignons verts, les raisins secs et les piments forts, mélanger. Rectifier l'assaisonnement et mélanger. Servir immédiatement

Temps : 50 minutes.

Donne : 5 à 6 portions.

Salade d'orge et pois cassés

Ingrédients :

- 1 c. à thé ail, émincé
- 6 oz épinard, coupé grossièrement
- ½ - 1 c. à thé sel de mer
- 6 - 7 oz orge, cuit
- 6 - 8 oz pois cassés, cuits
- 3 c. à soupe huile d'olive extra-vierge
- 6 oz asperges coupées en morceau d'un pouce (2 cm)

Préparation :

1. Préchauffer le four à 370 ° F.
2. Graisser légèrement un plat à cuisson de 5 x 9 avec de l'huile de tournesol.
3. Ajouter tous les ingrédients à un bol. Mélanger bien.
4. Verser dans le plat à cuisson et cuire 20 minutes ou jusqu'à la

chaleur soit répartie uniformément dans le plat.
5. Donne : 5 - 6 portions.

Salade de millet africaine

Ingrédients :

- 1 - 2 c. à thé sel de céleri
- 1 tasse millet, cuit et refroidi
- 1 c. à thé estragon
- 2 - 3 c. à thé menthe
- 2 c. à soupe huile de sésame grillé
- 1 tasse poivron rouge. râpé
- 1 tasse haricots adzuki, cuits et refroidis
- ½ - 1oignon doux, coupé en petits dés

Préparation :

1. Dans un gros bol, combiner les haricots, la menthe, l'oignon, le millet, les poivrons rouges, l'estragon et le sel de céleri. Mélanger bien.
2. Verser l'huile de sésame en filet sur la salade

3. Servir froid.
4. Donne : 4 - 5 portions.

Crêpes Paléo légendaires préparées avec de la Poudre d'Amandes

Vous avez besoin de :

- Deux à trois cuillères à soupe de sirop d'érable
- D'huile de coco, pour la cuisson
- 1 à 2 tasse de farined'amandes
- 2-3 oeufs
- 1/3d'une tasse de lait de coco
- Du sel de mer, selon le goût

Préparation :

1. Préparez tous les ingrédients
2. Dans un grand saladier, consolidez une grande partie de la garniture, à l'écart de l'huile de noix de coco et mélangez

bien à l'aide d'une spatule en bois.
3. Sur feu moyen, faites chauffer l'huile de noix de coco dans une grande poêle.
4. Versez environ ¼ mesure du batteur dans la poêle. Commencez la cuisson jusqu'à ce que des poches d'air apparaissent sur la surface de la crêpe, ou pendant environ deux minutes.
5. Il reste une chose à faire, maintenant.
6. Au moment où des poches d'air apparaissent, mélangez les crêpes avec une spatule élastique, et laissez-les cuire pendant 4 minutes de plus.
7. Recouvrez-les de nouvelles baies, de noix, de margarine, de ghee, de crème de noix de coco fouettée, de stévia, d'un peu de cannelle, de nectar naturel, et

une pointe de sirop d'érable ou autre de votre choix, de garnitures solides. Maintenant, vous pouvez servir.
8. Sentez l'arôme et servez.

Alléchantes Crêpes aux Bananes et aux Fruits rouges

Ingrédients

• 2 à 3 cuillères à soupe de beurre d'amande

• 1 + 1/4de cuillère à café de cannelle

• ⅓-1 tasse de framboises, en purée

• 6 à 7 blancs d'œufs, légèrement battus

• Deux bananes, en purée

Instructions

1. Assembleztous les ingrédients en un seul endroit.

2. Vaporisez une poêle ou un gril d'huile en aérosol. Dans un grand bol, mélangez les blancs d'œufs, les bananes, les framboises et le beurre d'amande jusqu'à l'obtention d'une consistance lisse.

3. Verser la pâte dans la casserole en utilisant une tasse pour chaque crêpe. Attendez 2 à 4 minutes avant de les faire sauter.

4. Les crêpes :les faire cuire pendant 2 à 4 minutes supplémentaires jusqu'à l'obtention d'une couleurbrun doré.

Servez avec une pincée de cannelle et / ou des fruits frais.

5. Dégustez !!

Portions : 2- 4

Superbe Quiche d'Épinards Paléo

Ce dont vous avez besoin

- 1.5 cuillère à café de muscade haché

- 1.5 cuillère de poivre noir fraîchement moulu

- 1/2 tasse d'oignon rouge émincés

- Une tasse d'épinards frais haché

- 1.5 tasse de lait d'amandes pur

- 1.5-2 cuillère à café de sel

- 1 à 2 cuillères à café d'huile d'olive, plus la quantité qu'il faut pour pour graisser la poêle

- 8 ou 9 œufs gros, battus

Instructions

1. Assemblez tous les ingrédients en un seul endroit.

2. Préchauffez le four à 185 degrés C.

3. Graissez un moule à tarte en verre de 23 cm de diamètre.

4. Dans une petite poêle, faites chauffer l'huile d'olive sur feu moyen, et faites revenir les épinards, le sel, le poivre, l'oignon et la muscade pendant environ sept minutes, ou

peut-être jusqu'à ce que les oignons soient translucides.

5. Maintenant, nous pouvons passer à l'étapesuivante, la plus importante.

6. Mélangez les oeufs et le lait d'amande dans un petit bol. Incorporez le mélange d'épinards, fouettez et puis versez dans le moule à tarte.

7. Une chose reste à faire maintenant.

8. Faites cuire la quiche sur la grille centrale du four pendant 30 à 40 minutes, ou jusqu'à ce que le milieu prenne entièrement. Maintenant, vous

pouvez servir chaud ou peut-être à la température ambiante.

Humez l'arôme et servez.

Portions : 4-6

Excellent Ramen de nouilles aux crevettes et aux légumes

Avec des légumes, tout est bon !!

Ce dont vous avez besoin :

- 125 g d'asperges coupées en petits morceaux d'environ 2,5 cm
- 1/2 oignon jaune finement coupé
- 1-2 cuillères à café d'huile de sésame grillé
- 1 l de bouillon de légumes ou de poulet
- 2 sachets de Ramen : n'utilisez que les nouilles
- 1-2 cuillères à café de sauce soja à faible teneur en sel
- 100 à 200 g de germes de haricots mungo ou de germes de soja
- 320 g de crevettes crues décortiquées

Préparation :

1. Rassemblez tous les ingrédients.

2. Faites chauffer l'huile de sésame dans une sauteuse et ajoutez-y l'oignon.
3. Faites sauter pendant 8 minutes jusqu'à ce que l'oignon soit tendre.
4. Maintenant nous pouvons passer à l'étape la plus importante.
5. Versez dans la sauteuse le bouillon et la sauce soja et mélangez bien.
6. Laissez le mélange cuire pendant quelques minutes.
7. Ajoutez-y les crevettes et les asperges et laissez à nouveau cuire pendant 4 minutes.
8. Faites bouillir les nouilles pendant environ 4 minutes et vous pouvez maintenant servir dans une assiette.
9. Il ne vous reste plus qu'une dernière chose à faire.
10. Répandez les germes sur votre plat, ou bien de la mizuna (mesclun japonais) ou de la roquette.
11. Maintenant vous pouvez ajoutez un trait d'huile pimentée ou de sésame .
12. Humez les arômes et régalez-vous.

13. N'hésitez pas à tester ce plat ! Croyez-moi, sa merveilleuse odeur remplissait toute la pièce dès que je le servais.

Merveilleuse cocotte de bacon, cheddar et œuf

L'agréable odeur de ce plat remplissait la pièce dans laquelle je le dégustais.

Ce dont vous avez besoin :

- ½-1 cuillère à café de flocons de poivron rouge
- 2-3 cuillères à soupe de beurre
- 220 g de cheddar fumé
- 450 g de bacon finement tranché et cuit
- 5 cuillères à soupe (5 g) de persil plat frais et émincé
- 8-9 œufs
- 420 g de pain (type baguette) découpé en dés
- 520 ml de crème liquide
- 1 sachet (200 g) de champignons frais coupés
- 1 poivron vert grossièrement coupé

Préparation :

1. Rassemblez tous les ingrédients.
2. Préchauffez le four à 160°C. Sur une grande feuille de papier sulfurisé, étalez les dés de pain. Faites cuire pendant environ 30 minutes, jusqu'à ce qu'ils soient croustillants.
3. Couvrez les parois d'une mijoteuse d'une contenance de 4 à 5 litres avec du papier aluminium plié en trois et vaporisez une matière grasse anti-adhésive.
   4. Maintenant nous pouvons passer à l'étape la plus importante.
5. Dans une poêle de 22 cm de diamètre, faites fondre du beurre. Vous pouvez ensuite ajoutez les champignons ; faites cuire 5 minutes et remuez régulièrement jusqu'à ce qu'ils soient tendres.
6. Dans un grand bol, battez les œufs, la crème et les flocons de poivron ; mettez le bol de côté. Mettez

également de côté 80 g d'une tasse de cheddar. Mélangez le reste de fromage, le bacon, le poivron et 2 cuillères à soupe de persil. Incorporez les croûtons de pain ; mélangez bien. Étalez dans la mijoteuse.

7. Couvrez et laissez cuire 4-5 heures à basse température, 2-3 heures à haute température, jusqu'à atteindre les 72°C au centre.

8. Il ne vous reste plus qu'une dernière chose à faire.

9. Saupoudrez le fromage restant et les 3 dernières cuillères à soupe de persil.

10. Couvrez, faites cuire environ 10 minutes de plus, jusqu'à ce que le fromage soit bien fondu.

11. Vous pouvez maintenant décoller le papier aluminium avant de servir en passant un couteau autour des bords.

12. C'est prêt, régalez-vous !

Temps de préparation : 4-5 heures

Exceptionnel bœuf braisé du Beach Boy

Ce dont vous avez besoin :

- Lamelles d'ail
- 1 pot de piments pepperoncini
- 1 rôti de bœuf

Préparation :

1. Rassemblez tous les ingrédients.
2. Coupez de petites entailles dans le rôti et insérez les lamelles d'ail.
3. Maintenant nous pouvons passer à l'étape la plus importante.
4. Mettez le bœuf dans une mijoteuse.
5. Il ne vous reste plus qu'une dernière chose à faire.
6. Arrosez avec les piments et tout leur jus.
7. Faites mijoter toute une journée à basse température (au moins 1-2 heures)
8. Humez les arômes et servez.

Temps total : 1 à 2 heures 35 minimum

Smoothie Turbo Amande Banane XXL

Pour commencer la journée à la perfection !

Ingrédients :

- Un demi-verre de lait d'amande
- 1 – 2 poignée(s) de glaçons
- portion de protéine de pois
- 1 – 2 banane(s) mûre(s)
- ½ - 1 portion de protéine de riz
- 10 – 12 amandes

Comment procéder :

1. Rassembler tous les ingrédients en un même endroit.
2. Commencer par laisser tremper les amandes pendant au moins

4-5h ou mieux encore, toute la nuit.

3. Ceci permet de les assouplir suffisamment pour les mélanger plus facilement.
4. Une fois celles-ci assouplies, égoutter et placer les amandes dans le mixeur.
5. Ajouter les autres ingrédients du smoothie et mixer jusqu'à obtenir une consistance liquide. Servir dans un grand verre ce smoothie riche en protéines.
6. Savourer !

Fantastique Frittata au Poivron et Fromage de Chèvre

Temps de préparation : 35 – 38 minutes

Nombre de parts : 4 – 5

Ingrédients :

- 4 œufs battus
- 2 gousses d'ail hachées
- 150 gr de fromage de chèvre, émietté
- 1 – 2 poivron(s) jaune(s), évidé(s) et tranché(s)
- Poivre et sel à volonté
- 2 – 3 cuillères à soupe d'huile d'olive extra vierge
- 2 poivrons rouges, évidés et tranchés

- ½- 1cuillères à café de d'origan séché

Comment procéder:

1. Rassembler tous les ingrédients en un même endroit.
2. Mélanger les œufs, l'origan et le fromage de chèvre dans un saladier. Agrémenter de poivre et sel selon votre goût.
3. Chauffer l'huile dans une poêle ou une sauteuse. Ajouter l'ail et les poivrons et cuire pendant 3 minutes.
4. Verser ensuite les oeufs sur les poivrons et cuire à feu doux pendant 8 – 10 minutes environjusqu'à ce que le tout ait pris.
5. Servir chaud immédiatement.
6. Respirer l'arôme et servir.

MystérieusesCoquilles Saint-Jacques beurrées au Vin

Ingrédients :

- ½ tasse de vin blanc sec
- Grosses Coquilles Saint-Jacques de 700 – 900 gr
- ¼-1 cuillère à café de sel
- 1,5–2 cuillères à caféd'estragon frais, finement haché
- 1 – 2 cuillère(s) à soupe de beurre
- Poivre noir (facultatif)
- 1 – 2 cuillère(s) à soupe d'huiled'olive

Comment procéder:

1. Rassembler tous les ingrédients.

2. Dans une grande poêle anti-adhésive, chauffer l'huile à feu moyen-vif.
3. Ajouter les coquilles et faire frire 4 minutes de chaque côté ou jusqu'à ce que les bords soient légèrement dorés. Déposer dans un plat de service.
4. Dans la même poêle, ajouter le sel, l'estragon et le vin tout en raclant le fond de la poêle pour en détacher les morceaux collés.
5. Eteindre le feu. Incorporer le beurre et mélanger jusqu'à ce que le beurre soit fondu.
6. Verser la sauce sur les coquilles puisservir.
7. Nombre de parts : 4 – 5

Burrito au œufs brouillés et saucisse

Ingrédients

- 120 g de fromage Monterey Jack ou tout autre type de fromage râpé
- 2 cuillères à soupe de beurre
- 1 piment chipotle tranché
- Sel et poivre
- 65 g de sauce salsa peu épicée
- 460 g de saucisses de dinde hachées
- 8 tortillas
- 6 œufs

Préparation

1. Dans une poêle, faire cuire les saucisses pendant 10 minutes ou jusqu'à ce qu'elles soient dorées. Absorber l'huile des saucisses avec de l'essuie-tout.
2. Faire fondre le beurre dans la même poêle à température moyenne, ajouter les œufs et faire cuire pendant 3-4 minutes ou jusqu'à ce qu'ils soient brouillés. Incorporer sel, poivre, saucisses et sauce salsa puis faire cuire.
3. Réchauffer les tortillas dans une poêle et y étaler les œufs et le mélange contenant les saucisses. Ajouter le fromage et le piment. Pour faire un burrito, plier deux côtés et rouler avec le reste.

Pour 4 à 5 personnes

Gâteau au chocolat

Ingrédients

- 2½ cuillères à soupe de sucre
- 120 g de sucre
- 165 g de lait évaporé
- 500 g de farine
- 150 ml d'eau
- 4 jaunes d'œufs
- 110 g de beurre
- 170 g de pépites de chocolat
- 1 sachet de levure chimique
- ½ cuillère à café de cannelle en poudre

Garniture :

- 60 g de beurre

- 65 g de sucre
- 30 g de noix écrasées
- 65 g de farine
- 1 cuillère à café de cannelle en poudre

Préparation

1. Préchauffer le four à 185°C.
2. Dans un saladier, ajouter 200 g de farine, la levure et l'eau et mettre de côté pendant 18 minutes.
3. Dans un autre récipient, mélanger le beurre et le sucre. Ajouter le lait évaporé et les œufs et mélanger jusqu'à obtenir une texture légère et crémeuse. Incorporer les pépites de chocolat, le sucre et la cannelle puis bien mélanger.

4. Ajouter ensuite le mélange contenant la farine et la levure. Ajouter le reste de la farine et pétrir jusqu'à obtention d'une pâte lisse. Couvrir et laisser reposer jusqu'à ce qu'elle gonfle.
5. Mélangez tous les ingrédients dans le garniture. Séparer la pâte en deux et en mettre une moitié et demi dans un plat beurré de 45x28 cm.
6. Verser la moitié de la garniture et couvrir avec le reste de la pâte. Verser encore le reste de la garniture.
7. Faire cuire pendant environ 52 minutes.

Pain perdu

Ingrédients

- 1 cuillère à soupe de sucre
- 230 ml de lait
- 13 tranches de pain
- 3 œufs
- 65 g de farine
- 2 pincées de sel
- 1 cuillère à café de cannelle en poudre
- 1 cuillère à café d'extrait de vanille

Préparation

1. Veuillez verser la farine dans un grand bol et incorporer

progressivement le lait. Ajouter la cannelle, le sel, les œufs, la vanille et le sucre et mélanger.
2. Faire chauffer une poêle à frire à feu moyen.
3. Tremper les tranches dans la mélange. Cuire jusqu'à ce que chaque côté soit doré. Servir chaud.

Pour 6-7 personnes

PETITS GÂTEAUX AU CHOCOLAT ET CARAMEL HISTORIQUES

Ce dont vous avez besoin

Petits gâteaux au chocolat

- ½ à 1 cuillérée à thé de poudre à pâte
- 1 tasse de sucre
- 6 à 7 cuillérées à table de Kahlua
- ½ à 1 cuillérée à thé d'extrait de vanille
- 6 à 7 cuillérées à table d'eau
- 1/2-1 tasse de beurre salé
- 6 à 7 cuillérées à table de cacao en poudre
- Une tasse de farine tout usage
- 2 oeufs

Glaçage au Kahlua

- 4 à 5 cuillérées à table de kahlua
- 1/2 à 1 tasse de beurre salé
- ½ tasse de matière grasse
- 4 à 5 tasses de sucre en poudre

Sauce au caramel

- Sucre
- Unepincée de sel

Instructions

1. Rassembler les ingrédients à un endroit
2. Préchauffer le four à 350 degrés
3. Écraser le beurre et le sucre jusqu'à ce qu'ils soient légers en couleur et moelleux pour environ 22 minutes.

4. Incorporer les oeufs, un à la fois, battre jusqu'à ce qu'ils soient mélanges.

5. Incorporer la vanille, l'eau et le cacao en poudre dans un bol différent et fouetter jusqu'à ce que ce soit lisse.

6. Ajouter le mélange au chocolat à la pâte et mélanger jusqu'à ce que ce soit ajouté. Maintenant, s'il-vous-plaît, gratter les côtés du bol tel que nécessaire pour s'assurer que tout soit parfaitement mélangé.

7. Une autre chose doit être maintenant faite.

8. Combinez la farine et le bicarbonate de soude dans un bol séparé.

9. Une chose qui peut être faite est d'ajouter le mélange de farine et de kahlua à la pâte. Vous devriez débuter par ajouter la moitié du mélange sec et ensuite

mélanger de manière appropriée.
10. Maintenant, la prochaine étape est d'ajouter le kahlua et de bien mélanger, gratter les côtés de manière appropriée. Incorporez le mélange de farine restant et battre jusqu'à ce que ce soit adouci.
11. Remplissez les moules de petits gâteaux environ à la moitié. Cuire de 16 à 20 minutes ou jusqu'à ce qu'un cure-dent inséré en ressorte avec quelques miettes.
12. Pour faire le glaçage, écraser le beurre et réduire jusqu'à ce que ce soit lisse.
13. Veuillez ajouter environ deux tasses de sucre en poudre et battre jusqu'à ce que ce soit lisse.
14. 4 cuillérées à table de kahlua et le reste du sucre en

poudre et écraser jusqu'à ce que soit lisse. Vous devriez ajouter du kahlua si nécessaire pour avoir la bonne consistance pour votre glaçage.

15. Maintenant, vous devriez décorer vos petits gâteaux. J'ai toujours utilisé le bec de glaçage Ateco 844, bien que vous pouvez aussi utiliser le Wilton 1M.

16. La prochaine étape est de recouvrir les petits gâteaux de sauce au caramel et vous pouvez saupoudrer de sel de mer.

17. Sentez l'arôme et vous pouvez maintenant servir.

Gâteau Bundt à la crème exceptionnel

Time: 1 à 2h

Portions: 8 à 11

Ingrédients:

- 1 ½ tasse de crème épaisse
- ½ à 1 cuillérée à thé de sel
- 1 tasse de sucre blanc
- 2 à 3 cuillérées à thé de levure chimique
- 1 à 2 cuillérées à thé d'extrait de vanille
- 3 oeufs
- 2 tasses de farine tout usage

Méthode de préparation:

1. Rassemblertous les items
2. Tamiser la farine, la levure chimique et le sel
3. Fouetter la crème épaisse à vitesse moyenne jusqu'à l'obtention de pics mous.

Continuer de fouetter jusqu'à ce que ce soit ferme.

4. Fouetter les oeufs un par un et ajouter ensuite le sucre et bien mélanger
5. la farine et étendre ensuite à la cuillère la pâte dans un moule à gâteau Bundt graissé avec du beurre.
6. Une chose reste maintenant à faire.
7. Cuire dans le four préchauffé à 350 F de 35 à 42 minutes ou jusqu'à ce que cela passe le test du cure-dent.
8. Laisser refroidir le gâteau dans le moule durant 12 minutes et transférer ensuite sur un plateau.
9. Sentez l'arôme et servez ensuite.

Muffins mystiques aux dattes et au son

Je me rappelle quand j'ai appris cette recette. J'étais fasciné par cette recette. J'espère que vous vivrez la même expérience

Prêt en environ 30 minutes

Portions : 8-10

Ce dont vous avez besoin

- ½ à 1 cuillérée à thé de dukkah
- 2 ½ tasses de son d'avoine
- 1 bâton de beurre, fondu
- ½ tasse de dattes sèches, dénoyautées et broyées
- 1 à 2 cuillérées à thé de levure
- ½ à 1 cuillérée à thé de sel
- ½ tasse de repas de graine de lin
- ½ à 1 cuillérée à thé de muscade râpée

- 1 - 2 tasse de farine tout usage
- 2 à 3 oranges, pelées et coupées
- 1 tasse de sucre
- 1 à 2 tasses de babeurre
- 1 à 2 cuillérées à thé de bicarbonate de soude
- 2 à 3 oeufs, légèrementbattus

Préparation

1. Rassemblertous les items
2. Débuter par préchauffer un four à 375 degrés F. Graisser légèrement 8 moules à muffin et mettre de côté.
3. Dans un bol moyen ou large, mélanger la farine tout usage, le son d'avoine, le bicarbonate de soude, la levure, le seul, la muscade râpée et le dukkah. Gardez ce mélange à portée de main.
4. Dans votre mélangeur ou votre robot culinaire, battre les

oranges, le sucre, le babeurre, le beurre et les oeufs.
5. Ajouter le mélange d'orange aux ingrédients secs. Mélanger jusqu'à ce que tout soit bien mélangé. Remuer les dattes broyées.

Remplir les moules à muffin avec la pâte. Cuire jusqu'à ce qu'un cure-dent de bois inséré au centre du muffin en ressort intact ou durant environ 22 minutes. Bon appétit!

Gombo renommé aux fruits de mer

Je me souviens du moment où j'ai appris cette recette. Elle était tout simplement fantastique, exceptionnelle. Essayez-la ! Faites-moi confiance. Elle est indescriptiblement délicieuse.

Ingrédients :

- ¾ de tasse (180ml) de poivron vert tranché
- Deux demi-tasses (2x125ml) d'eau
- 2 -3 cuillères à thé (10 -15ml) de persil
- 450g de crevettes fraîches de taille moyenne, décortiquées et déveinées

- ¼ - 1 cuillère à thé (1 – 5ml) de sel
- Un paquet de 350g d'okra (gombo) surgelé décongelé
- 2 ½ - 3 tasses (625ml) de bouillon de poulet
- Deux gousses d'ail, hachées
- Deux feuilles de laurier
- 450g de filets de sole, coupés en morceaux de cinq centimètres
- 1 – 2 cuillères à thé (5 -10ml) de basilic
- ½ - 1 cuillère à thé (2,5 – 5ml) de thym
- ¼ - 1 cuillère à thé (1 – 5ml) de piment rouge moulu
- Une boîte de 350g (ou format standard) de tomates en dés
- ¼ de tasse (60ml) d'eau froide
- 2 – 3 tasses (500 – 750ml) de fécule de maïs
- Une tasse (255ml) de riz blanc à grains longs

- Une tasse (255ml) d'oignon émincé

Méthode de préparation :

1. Rassemblez tous les ingrédients au même endroit.
2. Mettez le riz et ½ tasse d'eau dans un bol en métal assez petit pour être placé aisément à l'intérieur de l'autocuiseur.
3. Couvrez le bol hermétiquement avec du papier d'aluminium.
4. Versez une tasse (260ml) d'eau dans l'autocuiseur.
5. Maintenant nous pouvons procéder à l'étape suivante, très importante elle aussi.
6. Verrouillez le couvercle et cuisez pendant trois minutes

avec le régulateur de pression oscillant légèrement.
7. Une fois que la pression est tombée d'elle-même, ouvrez l'autocuiseur et mettez le bol de riz de côté pour laisser la vapeur s'échapper.
8. À présent ajoutez le bouillon de poulet, les crevettes, la sole et les assaisonnements dans l'autocuiseur.
9. Verrouillez le couvercle et cuisez pendant une minute tout en gardant la légère oscillation du régulateur de pression.
10. Refroidissez immédiatement l'autocuiseur sous l'eau froide.
11. Mélangez l'eau et la fécule de maïs dans un bol.
12. Incorporez au mélange chaud.
13. Ajoutez-y l'okra (gombo).

14. Il reste une chose à faire à présent.
15. Chauffez pendant sept minutes.
16. Retirez les feuilles de laurier et servez sur un lit de riz.
17. Humez l'arôme et servez le plat.
18. C'est une recette très simple et rapide. Qu'attendez-vous ? La recette suprême est à portée de main ! Apprenez-la par cœur.

Muesli à la citrouille grand format à l'autocuiseur

Vous devriez jeter un coup d'œil à cette recette.

Ingrédients :

- ½ tasse (125ml) de framboises
- Une tasse (250ml) de citrouille hachée
- ¼ de tasse (60ml) de myrtilles
- 3 – 4 cuillérées à soupe (45 – 50ml) de sucre semoule (ou sucre en poudre)
- Environ 1/4 à 1/2 tasse de flocons de noix de coco
- Une tasse (250ml) de purée de citrouille

- Une tasse (260ml) d'amandes grillées
- Une pincée de cannelle
- ½ tasse (125ml) de farine tout usage

Méthode de préparation :

1. Rassemblez tous les ingrédients au même endroit.
2. Mettez la citrouille hachée dans un bol.
3. Maintenant, combinez le reste des ingrédients sauf le farine tout usage.
4. Mélangez bien tous les ingrédients ; la consistance doit devenir lisse.
5. Ajoutez un peu de sirop de baie.
6. Maintenant nous pouvons procéder à la prochaine étape la plus importante.

7. Incorporez la farine, et mélangez bien encore une fois.
8. Laissez reposer pendant environ une heure.
9. Transférez le mélange dans un moule à pâtisserie.
10. Mettez de l'eau dans l'autocuiseur, et placez le moule à l'intérieur.
11. Verrouillez le couvercle et faites cuire environ 10 minutes.
12. À présent il reste une chose à faire.
13. Relâchez la vapeur en ouvrant la soupape de pression sur le couvercle après avoir éteint le feu. N'ouvrez pas le couvercle avant que toute la pression ait été libérée.
14. Sortez le moule, et servez le muesli avant qu'il ne refroidisse.
15. Allez-y, mangez.

Petit déjeuner traditionnel à l'ananas sauce Sriracha

Essayez cette recette ! Croyez-moi, celle-là est l'une de mes préférées ! Bon appétit.

Ingrédients :

- 1 – 2 tasses (250 – 400ml) d'ananas en tranches
- Sel et poivre, au gout
- Un gros œuf
- 1 – 2 cuillères à thé (5 – 15ml) de sauce Sriracha
- ½ tasse de riz au jasmin
- Huile de sésame
- 1 – 2 cuillères à thé (5 – 8 ml) de sauce soja
- Un oignon vert, tranché

Instructions :

1. Rassemblez tous les ingrédients au même endroit.
2. Commencez par mettre le riz et de l'eau dans l'autocuiseur.
3. Maintenant nous pouvons procéder à l'étape la plus importante.
4. Verrouillez le couvercle et cuisez 6 minutes à pression élevée. Quand la cuisson est terminée, utilisez la méthode naturelle de libération de la pression et laissez le riz reposer 10 minutes.
5. Pendant que le riz cuit, faites frire l'œuf dans une poêle chaude et assaisonnez de sel et poivre. Tranchez l'ananas et l'oignon vert.

6. Il reste une chose à faire maintenant.
7. Incorporez la sauce soja, l'huile de sésame et la sauce Sriracha au riz, enrobant le riz avec les assaisonnements.
8. Garnissez le riz Sriracha avec l'œuf, les tranches d'ananas et l'oignon vert, et servez.
9. Allez-y, mangez.

Tellement bon que vous ne voudrez pas partager !

Excellente eau au citron vert et au melon Honeydew

J'ai vu mon cuisinier préparer cette recette. Je sais donc comment la faire.

Ingrédients :

- 9 - 10 tasses d'eau (2,15 litres)
- 1 citron vert
- 1 à 2 tranches de melon Honeydew

Instructions :

1. Assemblez tous les ingrédients au même endroit.
2. Placez les morceaux de melon Honeydew (écorce retirée) et le citron vert dans un pichet.
3. Il vous reste une seule chose à faire maintenant.
4. Ajoutez l'eau et le zeste du citron vert pour donner du goût.
5. Réfrigérer pendant une heure, puis servir.
6. Quel délicieux arôme !

Cette recette est excellente et délicieuse.

Eau étonnante au citron vert et à la fraise

Ayez toujours le dessus...

Ingrédients :

- 1 à 2 1/2 litres d'eau
- 1 citron vert, pelé et coupé
- Pour plus de goût, incorporez un zeste de citron vert à l'eau.
- Une tasse de fraises (150 g), équeutées et coupées en morceaux

Instructions :

1. Assemblez tous les ingrédients au même endroit.
2. Ajoutez les fruits dans le pichet.
3. Maintenant, vous pouvez passer à l'étape importante suivante.
4. Incorporez l'eau.
5. Il vous reste une seule chose à faire maintenant.

6. Réfrigérez pendant 2 heures.
7. Servir sur de la glace pilée.
8. Bon appétit !

Il n'y a absolument aucun mot à décrire cette recette. N'hésitez pas ! Faites-moi confiance.

Superbe salade d'anchois et d'avocats

J'ai vu cette recette dans une émission de télévision. Je l'ai immédiatement apprise par cœur. Je l'ai cependant légèrement modifiée.

Ce dont vous avez besoin :

- 125 grammes de fromage feta
- 130 grammes d'anchois
- 1 à 2 cuil. à soupe de vinaigre balsamique
- Sel et poivre
- Une botte de ciboulette
- 3 à 4 avocats
- 100 grammes de cresson
- 1 à 2 oignons rouges
- 1 à 2 cuil. à soupe d'huile d'olive extra-vierge
- Une botte d'oignons verts

Préparation :

1. Assemblez tous les ingrédients au même endroit.
2. Hachez finement la ciboulette.
3. Placez la ciboulette et l'huile d'olive extra-vierge dans un petit bol. Assaisonnez et mélangez bien.
4. Coupez les oignons rouges en petits morceaux et mettez-les dans un saladier.
5. Versez un filet de vinaigre balsamique sur les oignons et ajoutez une pincée de sel.
6. Maintenant, vous pouvez passer à l'étape importante suivante.
7. Mélangez et laissez mariner pendant que vous préparez les avocats.
8. Épluchez et dénoyautez les avocats.
9. Coupez-les en morceaux de la taille d'une bouchée (d'un pouce ou de 2,5 cm environ).

10. Ajoutez les avocats aux oignons rouges et mélangez.
11. Hachez les oignons verts.
12. Coupez le fromage feta en petits dés (de ½ pouce ou de 1 cm environ).
13. Ajoutez les oignons verts et le fromage feta au mélange d'avocats et d'oignons.
14. Incorporez les anchois après les avoir égouttés.
15. Il vous reste une seule chose à faire maintenant.
16. Versez l'huile d'olive et la ciboulette dans la salade. Saupoudrez d'aneth.
17. Mélangez, puis servez froid.
18. Quel délicieux arôme !

Portions : 3 à 4

Ce plat est aussi économique ! Appréciez cette recette délicieuse et dégustez-la d'un seul coup.

Biscuits à la citrouille et aux pépites de chocolat

Il n'y a absolument aucun mot à exprimer à quel point cette recette est délicieuse. C'est la meilleure recette qui existe.

Ingrédients :

- 1 — 2 tasse de pépites de chocolat
- 16 - 17 oz de citrouille en conserve
- 1 — 2 boite de mélange de gâteau aux épices

Préparation :

1. Rassembler tous les ingrédients au même endroit.
2. Mélanger tous les ingrédients à l'aide d'un mélangeur et déposer par cuillère à thé sur une plaque à biscuit.

3. Cuire pendant 15 minutes à 355 ° F.
4. Nombre de portions : 32

Biscuits au sucre et à la noix de coco

Ingrédients :

- 2¼ tasses de farine tamisée
- ½ - 1 tasse de graisse végétale
- Sucre additionnel
- 1 œuf
- 1 - 2 cuillère à thé d'extrait d'amande/de vanille
- ½ – 1 tasse de beurre, ramolli
- 1 tasse de sucre
- ½ – 1 cuillère à thé de poudre à pâte (levure chimique)
- ½ – 1 cuillère à thé de bicarbonate de soude

Préparation :

1. Rassembler tous les ingrédients.
2. Préchauffer le four à 355 °F.

3. Dans un moyen ou grand bol, crémer le beurre, le sucre et la graisse végétale jusqu'à l'obtention d'un mélange léger.
4. Ajouter l'œuf et la vanille et bien mélanger.
5. Maintenant la deuxième étape la plus importante.
6. Ajouter la farine, la poudre à pâte et le bicarbonate de soude. Ajouter lentement au mélange crémé.
7. Façonner des boules de 2 cm.
8. Rouler dans le sucre.
9. Placer sur une plaque à cuisson graissée, écraser à l'aide d'un verre.
10. Il ne reste qu'une chose à faire

11. Cuire 16 minutes ou jusqu'à ce que les biscuits prennent.
12. Déposer sur une grille jusqu'à refroidissement complet.

Temps de préparation : 30 minutes.

Temps de cuisson : 18 minutes.

Donne : 30 biscuits.

Délicieux biscuits au beurre d'arachide

Ingrédients :

- 2 œufs
- 1 tasse de cassonade (sucre brun), tassée
- 2 ½ tasses de farine
- 1 - 2 cuillère à thé de poudre à pâte (levure chimique)
- 1 - 2 cuillère à thé d'extrait d'amande/de vanille
- 1 tasse de beurre ou de margarine, ramolli
- 1 tasse de beurre d'arachide crémeux
- 1 tasse de sucre granulé
- 1 - 2 cuillère à thé de bicarbonate de soude

Préparation :

1. Rassembler tous les ingrédients.

2. Crémer le beurre, le beurre d'arachide et les sucres.
3. Ajouter un œuf à la fois en battant.
4. Ajouter le bicarbonate de soude, la poudre à pâte et la vanille.
5. Incorporer la farine
6. Il ne reste qu'une chose à faire.
7. Façonner la pâte en petites boules et rouler dans du sucre.
8. À l'aide d'une fourchette, créer un motif entrecroisé sur les boules en les écrasant un peu.
9. Cuire sur une plaque à cuisson non graissée dans un four préchauffé à 355 °F pour environ 8-11 minutes, ou plus selon la grosseur des biscuits.

Temps de préparation : 20 minutes

Temps de cuisson : 8 — 12 minutes

Donne : 30 biscuits.

Le Duo magique Pêche/Coco

Vous aurez besoin de :

- 1 à 2 cuillères à soupe de sirop d'agave
- 1 louche de protéines en poudre aromatisées à la vanille
- 2 tasses de lait de coco
- 1- 1 1/2 tasse de chair de noix de coco
- 1 à 2 cuillères à thé de muscade en poudre
- 2 à 4 pêches fraîches coupées en quartiers

Méthode :

1. Mélangez tous les ingrédients.
2. Assurez-vous d'avoir retiré les feuilles des fruits.
3. Passez tous les ingrédients au blender jusqu'à l'obtention d'une consistance lisse.

4. Servez immédiatement.

Pour – 1 à 2 tasses

Temps - 8 minutes

Le Magnifique Asperge/Pomme

Ingrédients

- 2 tasses d'épinards
- 6 - 7 pointes d'asperges
- La moitié d'un verre d'eau
- 1 à 2 concombres coupés en quartiers
- 1 pomme verte épépinée et coupée en quartiers

Préparation

1. Incorporez les morceaux d'asperge et de pomme dans un blender, et mixez jusqu'à ce qu'ils soient réduits en petits morceaux.
2. Rajoutez le reste des ingrédientset continuez à mixer jusqu'à ce quele smoothie obtienne la texture

souhaitée. Ajoutez des glaçons selon votre convenance.
3. Maintenant, versez le smoothie dans 4 verres givrés.

Prêt en 15 minutes environ

Pour - 3 à 4tasses

Le Délicieux aux Mûres et au Yaourt

Vous aurez besoin de

- 2 à 3 cuillères à soupe de miel
- 3 - 4 tasses de mûres (surgelées)
- 1 pincée de cardamome en poudre
- 1 à 2 tasses de yaourt (à faible teneur en matières grasses)
- 1 tasse de babeurre (à faible teneur en matières grasses)

Préparation

1. Incorporez le babeurre, le yaourt et les mûres dans le récipient d'un blender.
2. Mixer pendant environ 30 secondes.
3. À ce stade, ajoutez à la préparationle miel et la

cardamome fraîchement moulue.
4. Passez de nouveau le tout au blender.
5. Servez ce smoothie au petit-déjeuner.

Superbe smoothie noix de cajou, chocolat et orange

Ingrédients :

- 1 ou 2 cuillères à soupe de protéines en poudre au chocolat
- Des glaçons
- 45 cl de lait végétal (noix de cajou par exemple)
- 1 - 2 poignée de feuilles de roquette
- Quelques gouttes d'extrait d'orange

Instructions :

1. Préparez tous les ingrédients.
2. Mettez-les tous dans un mélangeur et mixez jusqu'à l'obtention d'une consistance lisse. Vous pouvez ajouter des glaçons.
3. C'est prêt!

Parts: 1-2

Temps de préparation : 8 minutes

Crevettes grillées à tomber, Pastèque et salade d'épinards

Ingrédients :

- 220 g de crevettes grillées
- Environ 200 g de pastèque découpée en cubes
- Environ 200 g de roquette
- 100-160 g de fromage râpé

Sauce :

- 1 ou 2 cuillères à souped'huile d'olive ou d'huile de cumin
- 1 ou 2 cuillères à soupede jus de citron frais
- Une pincée de sel
- Une pincée de poivre

- Quelques feuilles de basilic frais

Instructions:

1. Mélangez tous lesingrédients dans un saladier.

Parts - 2-3

Poulet Alfredo mijoté avec amour
Ingrédients

- Poudre d'ail
- Sel
- 4 ou 5 morceaux de poulet désossés
- 530 g de champignons en morceaux
- 520 ml de sauce Alfredo allégée
- Poivre
- 200 g d'épinards frais
- 3 gousses d'ail coupées en deux
- Persil frais ciselé

Instructions

1. Préparez tous les ingrédients.
2. Mettez les morceaux de poulet dans une cocotte-minute, salez. Ajoutez la sauce Alfredo et l'ail, recouvrez bien les morceaux.
3. Disposez les champignons au-dessus du poulet; ajoutez la poudre d'ail, le poivre et le

persil. Commencez la cuisson à feu doux pendant 4 ou 5 heures, jusqu'à ce que le poulet soit cuit. Ensuite, ajoutez les épinards et laissez cuire jusqu'à ce qu'ils soient fondants.
4. Si les morceaux de poulet sont trop gros, vous pouvez les couper en deux pour faire 8-10 parts.

Parts : 4-5

Salade insensée de purée d'avocat et poulet

Ayez un parfait début de journée avec une autre recette subtile à ma connaissance.

Ingrédients:

- 1 à 2 cuillères à soupe d'huile d'olive vierge extra
- Sel et poivre au goût
- Deux avocats mûrs, écrasés à la fourchette
- Deux à trois poitrines de poulet cuites, coupées en dés
- Une à deux cuillères à soupe de feuilles fraîches de taragon, finement découpées
- Trois à quatre cuillères à soupe de jus de citron

- Un petit oignon rouge, finement tranché

Méthode de préparation:

1. Assembler tout les articles.

2. Placez le poulet dans un saladier de taille moyenne. Dans une assiette, écraser les avocats à l'aide d'une fourchette ou d'une purée de pommes de terre et les mélanger au poulet. Mélanger dans le taragon, l'oignon, le jus de citron et l'huile d'olive.

3. Avec le sel et le poivre noir au goût, mélanger pour ajouter et servir.

Prendre plaisir!!

Pour 4 personnes

Temps de préparation: 7 minutes

Amandes et Noisettes fortement enmiellees

C'est l'une des recettes les plus recherchées. Je parie que vous allez l'adorer.

De quoi as-tu besoin

Pincée de cannelle

Une à deux cuillères à soupe d'huile de coco

Une à deux tasses de noisettes.

1 tasse d'amandes

Une à deux cuillères à soupe de miel cru

Préparation

Assembler tous les articles.

Mettre a chauffer l'huilde de coco dans une poêle à feu moyen

Maintenant, mélanger les noisettes et les amandes dans la poêle et continuer à les retournez jusqu'à ce qu'ils soient grillés.

Saupoudrer de cannelle et verser le miel.

Il ne reste plus qu'une chose à faire.

Commencez la cuisson pendant 3 à 6 minutes ou jusqu'à ce que le miel soït caramélisé. Assurez-vous que le miel ne brûle pas.

Retirer de la chaleur et laisser

refroidir.

Maintenant vous pouvez servir.

Humez l'arôme et servez

Incroyable chou frisé ou Chips aux épinards.

pensez simplement à une recette superbe, impressionnante et délicieuse qui est juste un régal pour votre tongue.congratulation, votre attente est terminée! Ayez un parfait et puissant commencement de journée avec cette recette.

De quoi avez vous besoin?

· sel de mer, selon votre goût.

· Une à deux portions de chou cru ou bien utilisez autant que vous voulez.

Méthode de préparation:

1· Préparer tous les articles dans un seul endroit.

2·Répartir un peu de chou frisé (lavé,

séché et déchiqueté a taille de morsures)sur une plaque à pâtisserie garnie de papier-parchemin.

3·Maintenant mis dans le four (préchauffé à 220 degrés Celsius plus ou moins) et puis commencer la cuisson jusqu'à ce que les morceaux de chou soient croustillants. (Cela prendra seulement quelques minutes, ainsi faites attention sinon cela brûlera.)

4· Vient maintenant l'étape la plus importante.

5·Garnir de sel de mer et servir ensuite.

6· Vous pouvez également utiliser des feuilles d'épinards à la place du chou.

7.Note :Les faits de nutrition sont pour 1 portion (80 g) de chou, mais vous pouvez employer autant que vous aimez.

8·Dégustez!!

Temps de préparation: Douze minutes

Temps de cuisson: 5-8 minutes

Portions : 1-3

JOLI GATEAU PAIN D'EPICES ET CARAMEL

Ce qu'il faut faire:

PATE A COOKIE

- 1/3 tasse + 1-2 cuillère(s) à soupe. Qualité B de sirop d'érable
- Une & demi/deux cuillères à café. de levure
- 1/2-1 cuillère à soupe. gingembre
- 1/3 cuillère à café. de cannelle
- 3 tasses de farine sans gluten
- ¼-1 cuillère à café. clou de girofle moulu

- ¾-1 cuillère à café. bicarbonate de soude
- 1/4 - 1/2 tasse semoule, mélasse
- Quatre-cinq cuillères à soupe. de compote de pommes
- Un oeuf
- ¼-1 cuillère à café. sel
- 2-3 cuillères à café. d'extrait de vanille

CREME

- Huit-neuf dattes medjool, dénoyautées
- 1-2 cuillère à soupe. vanille
- 4-5 grammes. Crème de fromage, ramolli

NAPPAGE

- 1/4 c. d'eau
- 6-7 dattes medjool, dénoyautées

Ce qu'il faut faire:

1. Rassemblez tous les ingrédients.
2. Préchauffez le four à 350F.
3. Mélangez les ingrédients secs dont vous avez besoin dans un bol. Mélangez les ingrédients humides dans un bol distinct. A présent vous pouvez ajouter les ingrédients secs et mouillés et mélangez seulement ceux encore ajoutés.
4. A l'aide d'une petite cuillère à biscuits et ramassez la pâte

dans un moule à mini muffins.
5. Cuire les cookies pendant environ six minutes. Légèrement pressé le centre afin de créer une cavité. Refroidir complètement avant de remplir.

CREME

1. A l'aide d'un batteur à haute vitesse où peut être d'un robot culinaire, mélangez ensemble les dattes, la crème de fromage et la vanille jusqu'à une consistance complètement lisse.
2. La prochaine étape est de ramasser une cuillère à soupe de crème de fromage caramel dans chaque tasse de cookie.

INCROYABLE NAPPAGE

1. S'il vous plait mélangez et mixez ensemble les dattes & l'eau jusqu'à obtenir une consistance lisse.
2. Après, ajoutez un sac refermable et couper les coins.
3. Le nappage au dessus de chaque tasse de cookie.
4. Appréciez l'arôme et à présent vous pouvez servir.

Gâteau alléchant à la Patate douce et Gingembre

Temps de préparation: 1& ½ à 2 heures

Servir: 8 à 9 personnes

Ce dont vous avez besoin:

- 1& 3/4 tasse(s) de farine tout usage
- Une-deux cuillère(s) à café de zeste d'orange
- Demi-cuillère à café de levure
- 1-2 cuillère(s) à café d'extrait de vanille
- ½-1 cuillère à café de sel
- ¾ tasse d'huile de canola
- Quatre oeufs
- 1 tasse de sucre brun clair

- Une tasse de purée de patate douce
- 1-2 cuillère(s) à café de poudre de cannelle
- 1-2 cuillère(s) à café de levure

Comment le préparer:

1. Rassemblez tous les ingrédients.
2. Mélangez la purée de patate douce avec les zestes d'orange, l'huile de canola, les œufs, le sucre brun et la vanille dans un bol.
3. Incorporez le reste des ingrédients puis verser la pâte dans un moule à gâteau rond de 9 pouces recouvert de papier cuisson.
4. Une chose reste à faire à présent.

5. Cuire le gâteau au four (préchauffé) à 350F pendant 35 à 42 minutes où jusqu'à ce que le cure dent inséré au milieu de votre gâteau ressorte propre et net.
6. Permettre au gâteau de refroidir dans le moule avant de la trancher et servir.
7. Appréciez l'arôme et à présent servez.

Simple Gâteau Marbré

Temps de préparation: 1 à 2 heures

Servir: 8 à 11 personnes

Ce dont vous avez besoin:

- Deux à trois cuillères à café de levure
- Une tasse de sucre blanc
- 2 moitié de tasses de farine tout usage
- 3 oeufs
- ¼ tasse d'eau chaude
- 1 tasse de lait entier
- Une à deux cuillère(s) à café d'extrait de vanille
- Une demi-tasse de beurre, ramolli
- 1/2-1 cuillère à café de bicarbonate de soude

- La moitié d'une cuillère à café de sel
- ¼ tasse de poudre de cacao

Comment le préparer:

1. Rassemblez tous les ingrédients.
2. S'il vous plait mixez et mélangez la poudre de cacao avec l'eau chaude dans un bol petit où moyen.
3. Mélangez le beurre et le sucre dans un bol jusqu'à ce que la pâte soit crémeuse et ferme. Ajoutez les œufs, un par un, puis fouettez la vanille et le lait.
4. S'il vous plait incorporez dans la farine, le bicarbonate de soude, la levure et une pincée de sel.

5. Séparez la pâte en deux. Verser la moitié dans un moule à pain recouvert d'un papier cuisson.
6. Mélangez la moitié restante de pâte avec le mélange de cacao.
7. Versez la pâte de chocolat au dessus des blancs et agiter autour avec un cure dent.
8. Une chose reste à faire à présent.
9. Cuire le gâteau à pain dans un four préchauffé à 350F pendant 30 minutes où peut être jusqu'à ce qu'il passe le test du cure dent.
10. La prochaine étape est de permettre au gâteau de refroidir dans un moule avant de le trancher et de le servir.

Délicieux et étonnant porridge à la pomme

Ma grand-mère, une femme épatante, faisait souvent ce plat pour mon père.

Ingrédients

- Noix de muscade râpée pour assaisonner selon les goûts
- 1,5 - 2 l. d'eau
- 1-2 pomme(s) de taille moyenne coupée(s) en cube
- Cannelle en poudre pour assaisonner selon les goûts
- 2-4 cuillères à soupe de miel
- Margarine fondue
- 75 cl. - 1l. de compote de pommes, non sucrée
- Cardamone pour assaisonner selon les goûts
- 185 g. d'avoine découpée

Préparation

1. Réunissez tous les ingrédients au même endroit.
2. Graissez légèrement la mijoteuse avec la margarine.
3. Il reste une chose à faire maintenant.
4. Mélangez les ingrédients dans un grand saladier. Versez ce mélange dans la mijoteuse.
5. Faites cuire à petit feu pendant environ six heures.
6. À table !

   C'était la recette suprême, apprenez-la par cœur.

Sandwiches choucroute-saucisses de la chance

Voilà.

Ce dont vous avez besoin :

- 4-6 pains à hot dog
- Un oignon de taille moyenne, découpé en lamelles
- 1-2 cuillère(s) à café de graines de carvi
- 120 ml. de bouillon de volaille
- 4-6 saucisses de votre choix
- Sel
- 1/2-1 cuillère à café de poivre noir en poudre
- 125 g. de choucroute
- Moutarde pour la garniture
- 1 petite pomme épluchée, étrognée et coupée en fines tranches
- Ketchup pour la garniture

Instructions

1. Réunissez tous les ingrédients au même endroit.
2. Placez les saucisses dans une mijoteuse. Placez-y ensuite l'oignon, les graines de carvi, la choucroute, la pomme, le bouillon, le sel et le poivre.
3. Il reste une chose à faire maintenant.
4. Couvrez et faites cuire à feu doux pendant six à huit heures.
5. Faites des sandwiches avec les pains à hot dog et servez avec ketchup et moutarde.
6. Sentez l'arôme et servez.